I0843520

Agenda
LECTORA

Romántic♡
Novelas con corazón

Agenda Lectora

Romántica, novelas con corazón

Todos los derechos reservados © 2018

Ilustraciones: Freepik.es ©

Frases de: Autoras del colectivo Romántica – novelas con corazón.

Diseño y Maquetación: Aletheia Creative © 2018

No se permite la reproducción total o parcial de este libro, ni su incorporación a un sistema informático, ni su trasmisión en cualquier medio, sea éste electrónico, mecánico, por fotocopia, por grabación u otros métodos, sin el permiso previo y por escrito de su autor.

Mis datos

NOMBRE: _______________________________________

DIRECCIÓN: _____________________________________

____

TELÉFONO: ______________________________________

E-MAIL: ____

TWITTER/INSTAGRAM: _____________________________

Notas:

____

____

____

____

"Hay vida luego de esas caricaturas de hombre, niñas, a mover el
esqueleto y no dejar títere con cabeza",

Abraza la vida sin miedos de Isabella Abad

NO VUELVAS A OLVIDARTE
DE LOS *Cumpleaños*

Apunta los nombres y fechas de esas
personas especiales.

NOMBRE	FECHA DE NACIMIENTO

"Esta no es una historia común, mucho menos un cuento de hadas."

Noche de Brujas de Mariela Villegas

NOMBRE	FECHA DE NACIMIENTO

"Nunca estuviste en mis planes, ahora mi único plan eres tú"

Lo último de mí. Huyendo de Cristina Brenes

Mis Planes

Si planeas en lecturas conjuntas, quieres asistir a eventos literarios, o simplemente quieres llevar apuntadas tus citas con familiares y amigos.

ENERO

FEBRERO

MARZO

"Increíble es mi estado natural. Algunos dirían incluso que soy asombrosa…"

El Alma de la Fiesta de Miriam Meza

ABRIL

MAYO

JUNIO

"Sigues siendo igual de patosa que cuando te conocí. Estás guapísima, corrijo eres guapísima."

Lo que el amor no ve de Teresa Cuenca.

JULIO

AGOSTO

SEPTIEMBRE

"Como una ponzoña de lenta acción, su silueta se filtró en su mente."

Por el amor de una hechicera de Isabella Abad.

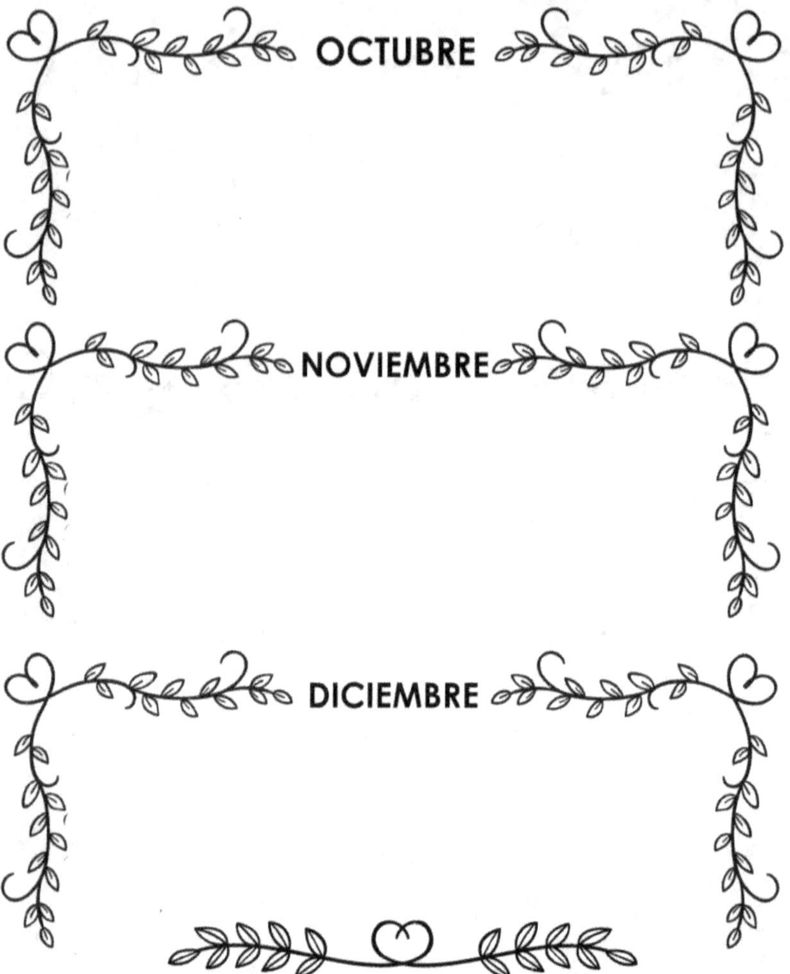

"Descubrió que no solo el amor de un hombre brinda felicidad, el de un hijo da el doble de alegría, llena el alma, cicatriza las heridas y da la posibilidad de enseñar cuánto vale el amor, la importancia de los sueños y la magnitud del poder de un abrazo, una palabra o un beso."

Cumpliendo un sueño de. Yamila Bianqueri

Notas:

"Las cosas que viví junto a él, las que me dijo, todo lo que me entregó... puede igual dármelas en una vida o en una noche sin importar cuán veloz sea ésta..."

Eres mío de Lina Perozo Altamar

Notas:

"Hay muchas personas tratando de tener los detalles más costosos, sin darse cuenta de que lo más simple es lo más valioso."

No te vi, te reconocí de Carolina Vivas.

Notas:

"La vida te traza un camino y lo va llenando de obstáculos; está en nosotros saber si nos detenemos o si seguimos adelante"

Perdida sin ti de Indhira Jacobo

"...porque tú me has enseñado a ser más fuerte aunque sé que siempre serás mi más grande debilidad."

Engaño de JM. Kyle

"Te destruí una vez y ahora recojo tus pedazos y te vuelvo a armar…Te amo y te prometo que de la misma manera lo haré contigo…Uniré cada trozo que rompí para que vuelvas a ser mía".

Dime que te amas y te digo que te amo de Kris O'Coneill.

"El amor llega cuando menos lo esperas e irrumpe en nuestras vidas y arrasa."

Fuego en invierno de Mile Bluett.

Notas:

"Ella iluminaba cada parte de mi ser y eso me hacía sentir vivo y con esperanzas, ella alejaba la soledad que me consumía."

La Luz de mi alma de Estela Torres.

"El idiota de cupido va a tener que tomar de nuevo sus clases de arquería, porque esta vez la ha cagado en grande."

Conexión Inesperada de Miriam Meza

Notas:

"Cerró sus ojos y suspiré antes de besarla de lleno irrumpiendo con todo, pero fue un beso corto porque, sin aviso alguno, mi cordura me golpeó en la cara tan fuerte como una trompada bien dada. No era justo para ella y no lo era para mí."

Aceptando el presente de Ivonne Vivier

¿DÍA ABURRIDO?
LLÉNALO DE COLOR

"Me basta con tenerla cerca para que mis barreras comiencen a desmoronarse.
Sin ella ya nada sería lo mismo."

Lo que nunca soñé de Estela Torres.

"Si ni siquiera lo he besado por favor, ¿Qué es esto?
¿Una regresión a mi adolescencia?"
Tu infierno quiere saber de mi cielo de Lorena Di Rado

Control Menstrual

DÍA	1	2	3	4	5	6	7	8	9	10	11	12	13	14	15	16	17	18	19	20	21	22	23	24	25	26	27	28	29	30	31
ENE																															
FEB																															
MAR																															
ABR																															
MAY																															
JUN																															
JUL																															
AGO																															
SEP																															
OCT																															
NOV																															
DIC																															

USA UN COLOR DIFERENTE PARA: ☐ INICIO ☐ FLUJO LIGERO ☐ FLUJO MEDIO
☐ FLUJO ABUNDANTE ☐ CALAMBRES

Enero

LIBROS LEÍDOS DURANTE EL MES

Título: _______________________

____

Autor: _______________________

____

Calificación: ☆☆☆☆☆

Título: _______________________

____

Autor: _______________________

____

Calificación: ☆☆☆☆☆

Título: _______________________

____

Autor: _______________________

____

Calificación: ☆☆☆☆☆

Título: _______________________

____

Autor: _______________________

____

Calificación: ☆☆☆☆☆

Título: _______________________

____

Autor: _______________________

____

Calificación: ☆☆☆☆☆

Título: _______________________

____

Autor: _______________________

____

Calificación: ☆☆☆☆☆

"Nunca dejes de creer que puedes realizar tus sueños y... en la magia que encontrarás dentro de ti para llevarlos a cabo."

El hada de los Peluches (Cuento infantil) de Paula Guzmán:

¿NECESITAS MÁS ESPACIO? ¡EXCELENTE!

Título: _______________________
____
Autor: _______________________
____
Calificación: ☆☆☆☆☆

Título: _______________________
____
Autor: _______________________
____
Calificación: ☆☆☆☆☆

Título: _______________________
____
Autor: _______________________
____
Calificación: ☆☆☆☆☆

Título: _______________________
____
Autor: _______________________
____
Calificación: ☆☆☆☆☆

Título: _______________________
____
Autor: _______________________
____
Calificación: ☆☆☆☆☆

Título: _______________________
____
Autor: _______________________
____
Calificación: ☆☆☆☆☆

Título: _______________________
____
Autor: _______________________
____
Calificación: ☆☆☆☆☆

Título: _______________________
____
Autor: _______________________
____
Calificación: ☆☆☆☆☆

NOTAS:

HAZ SEGUIMIENTO A TUS ACTIVIDADES PLANIFICADAS

LUNES	MARTES	MIÉRCOLES	JUEVES	VIERNES	SÁBADO	DOMINGO

Fechas para recordar:

Metas cumplidas:

"Quizás digamos cosas sin sentido, nos enojemos fácilmente, seamos celosos, obstinados y a veces hasta fríos --un puto desastre pues--, pero de lo que si estoy seguro, es de que si no estuviera con ella no quisiera estar con nadie más"

La receta ganadora de Carolina Vivas.

"Quiéreme con todos esos adjetivos. Quiéreme sin peros ni porqués.
Quiéreme así, como yo te quiero."

No debí quererte de Flor M. Urdaneta

EL LIBRO ELEGIDO FUE:

____

Recordatorios: _________

"¡Te he echado de menos! (...) Tu risa, tu mirada, despertarte por las mañanas, sumergirme en ti. ¡Nuestra casa no brilla igual si tú no estás!"

La Traición de Paulette Maestre

Febrero

Título: _______________________
____
Autor: _______________________
____
Calificación: ☆☆☆☆☆

Título: _______________________
____
Autor: _______________________
____
Calificación: ☆☆☆☆☆

Título: _______________________
____
Autor: _______________________
____
Calificación: ☆☆☆☆☆

Título: _______________________
____
Autor: _______________________
____
Calificación: ☆☆☆☆☆

Título: _______________________
____
Autor: _______________________
____
Calificación: ☆☆☆☆☆

Título: _______________________
____
Autor: _______________________
____
Calificación: ☆☆☆☆☆

"Y de pronto te das cuenta de que, la vida te puso en frente del amor de tu vida y tú... sencillamente lo ignoraste."

Te amé antes de conocerte de Indhira Jacobo

¿NECESITAS MÁS ESPACIO? ¡EXCELENTE!

Título: _______________________

____

Autor: _______________________

____

Calificación: ☆☆☆☆☆

Título: _______________________

____

Autor: _______________________

____

Calificación: ☆☆☆☆☆

Título: _______________________

____

Autor: _______________________

____

Calificación: ☆☆☆☆☆

Título: _______________________

____

Autor: _______________________

____

Calificación: ☆☆☆☆☆

Título: _______________________

____

Autor: _______________________

____

Calificación: ☆☆☆☆☆

Título: _______________________

____

Autor: _______________________

____

Calificación: ☆☆☆☆☆

Título: _______________________

____

Autor: _______________________

____

Calificación: ☆☆☆☆☆

Título: _______________________

____

Autor: _______________________

____

Calificación: ☆☆☆☆☆

NOTAS:

"Cada vez que ella hacía el amor con él, él solo tenía sexo con ella y eso dolía mucho, apuñalaba el alma."

Helena, la princesa de hielo de Ivonne Vivier

HAZ SEGUIMIENTO A TUS ACTIVIDADES PLANIFICADAS

LUNES	MARTES	MIÉRCOLES	JUEVES	VIERNES	SÁBADO	DOMINGO

Fechas para recordar:

Metas cumplidas:

"Me apoyo contra la puerta nada más entrar. No sé muy bien que es lo que estoy haciendo en casa de Claire. No recuerdo como he llegado hasta aquí. Lo que sí es seguro, es que Charly sí lo sabe".

La Manipulación de Paulette Mestre

NOVEDADES LITERARIAS

"Porque lo que sé, es que me gusta; sí, me gusta, como para que su amor venga a quedarse, a hacer huellas, a dibujar caminos, a sembrarse en mi tierra y florecer bajo mi piel."

Tu luz enciende mi alma de Lorena Di Rado

¡Celebra el amor y la amistad junto a una novela romántica!

EL LIBRO ELEGIDO FUE:

____

Recordatorios: _____________

____
____
____
____
____
____
____
____
____
____
____

"Sus ojos recorrieron cada palmo de mi cuerpo desnudo y la locura del amor nos hizo despertar a la vida."

Herederos del mundo de Mile Bluett

Marzo

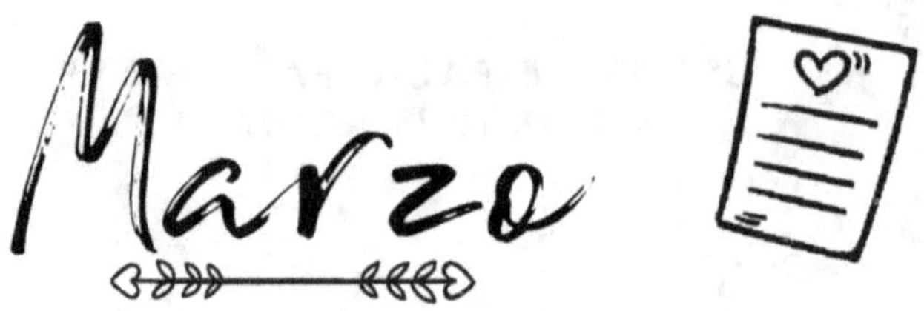

Título: ___________________
____
Autor: ___________________
____
Calificación: ☆☆☆☆☆

Título: ___________________
____
Autor: ___________________
____
Calificación: ☆☆☆☆☆

Título: ___________________
____
Autor: ___________________
____
Calificación: ☆☆☆☆☆

Título: ___________________
____
Autor: ___________________
____
Calificación: ☆☆☆☆☆

Título: ___________________
____
Autor: ___________________
____
Calificación: ☆☆☆☆☆

Título: ___________________
____
Autor: ___________________
____
Calificación: ☆☆☆☆☆

"Si soy capaz de ver lo que el pasar de los años le hará a tu cuerpo, de permanecer a tu lado mientras ocurra, seré el hombre más dichoso del mundo."

El peligro de Amarte de Flor M. Urdaneta

¿NECESITAS MÁS ESPACIO? ¡EXCELENTE!

Título: _____________________
____
Autor: _____________________
____
Calificación: ☆☆☆☆☆

Título: _____________________
____
Autor: _____________________
____
Calificación: ☆☆☆☆☆

Título: _____________________
____
Autor: _____________________
____
Calificación: ☆☆☆☆☆

Título: _____________________
____
Autor: _____________________
____
Calificación: ☆☆☆☆☆

Título: _____________________
____
Autor: _____________________
____
Calificación: ☆☆☆☆☆

Título: _____________________
____
Autor: _____________________
____
Calificación: ☆☆☆☆☆

Título: _____________________
____
Autor: _____________________
____
Calificación: ☆☆☆☆☆

Título: _____________________
____
Autor: _____________________
____
Calificación: ☆☆☆☆☆

NOTAS:

HAZ SEGUIMIENTO A TUS ACTIVIDADES PLANIFICADAS

LUNES	MARTES	MIÉRCOLES	JUEVES	VIERNES	SÁBADO	DOMINGO

Fechas para recordar:

Metas cumplidas:

"Llegó el momento en el que me perdí entre su perfume, su cálido aliento en mi oreja y la sensación de que por cuatro minutos, ella era sólo mía."

Enamorarme la primera vez fue mi error de Indhira Jacobo

"Los seres humanos nos alimentamos de emociones, sonrisas y situaciones vividas. Cuando estas son verdaderamente inolvidables perduran por siempre en uno. Tenés que aprender que el amor auténtico, vive por siempre."

Tu mirada me atrapó de Yamila Bianqueri

RETO LECTOR

MARZO

EL LIBRO ELEGIDO FUE:

____

USA ESTE ESPACIO PARA PONER A VOLAR TU IMAGINACIÓN

Recordatorios: _____________

____
____
____
____
____
____
____
____
____
____
____
____
____

"No puedo decirte con exactitud qué siento porque ahora mismo yo también lo estoy descubriendo. Solo sé que no quiero perderte."

Lo que nunca soñé de Estela Torres.

LIBROS LEÍDOS DURANTE EL MES

Título: ___________________
____
Autor: ___________________
____
Calificación: ☆☆☆☆☆

Título: ___________________
____
Autor: ___________________
____
Calificación: ☆☆☆☆☆

Título: ___________________
____
Autor: ___________________
____
Calificación: ☆☆☆☆☆

Título: ___________________
____
Autor: ___________________
____
Calificación: ☆☆☆☆☆

Título: ___________________
____
Autor: ___________________
____
Calificación: ☆☆☆☆☆

Título: ___________________
____
Autor: ___________________
____
Calificación: ☆☆☆☆☆

"Si te va mal en una relación, es porque fue solo tu culpa. Pero nooo, es más fácil culparlo al pobre de Cupido. ¿Y saben qué? Estoy harta de eso, ¡Porque Cupido es mi hermano!"

La culpa es de Cupido (Relato) de Karina Reisberger.

¿NECESITAS MÁS ESPACIO? ¡EXCELENTE!

Título: _______________________

____

Autor: _______________________

____

Calificación: ☆☆☆☆☆

Título: _______________________

____

Autor: _______________________

____

Calificación: ☆☆☆☆☆

Título: _______________________

____

Autor: _______________________

____

Calificación: ☆☆☆☆☆

Título: _______________________

____

Autor: _______________________

____

Calificación: ☆☆☆☆☆

Título: _______________________

____

Autor: _______________________

____

Calificación: ☆☆☆☆☆

Título: _______________________

____

Autor: _______________________

____

Calificación: ☆☆☆☆☆

Título: _______________________

____

Autor: _______________________

____

Calificación: ☆☆☆☆☆

Título: _______________________

____

Autor: _______________________

____

Calificación: ☆☆☆☆☆

NOTAS:

"Te quiero así, libre y alegre, no te pido que no pienses, solo que no lo hagas con tanto ahínco cuando estemos así, cuando te tenga en mis brazos desnuda y hermosa, te quiero sintiendo, no pensando."

Rendición de Lina Perozo Altamar.

HAZ SEGUIMIENTO A TUS ACTIVIDADES PLANIFICADAS

LUNES	MARTES	MIÉRCOLES	JUEVES	VIERNES	SÁBADO	DOMINGO

Fechas para recordar:

Metas cumplidas:

"Con un deliberado movimiento deslizó su mano de regreso, diciéndole adiós al calor del contacto del hombre que se convirtió en una severa adicción para ella, al tanto de que ninguna adicción era buena por más deslumbrantes que fueran sus efectos."

Engaño de JM. Kyle

"¿Un dato curioso sobre mi trabajo? Ahora que llevar la literatura erótica al cine se convirtió en tendencia, mi trabajo se convirtió en algo bastante… interesante."

La Reina del Desastre de Miriam Meza.

RETO LECTOR
ABRIL
Al mal tiempo, buena cara
¿Leemos una comedia?
EL LIBRO ELEGIDO FUE:

USA ESTE ESPACIO PARA PONER A VOLAR TU IMAGINACIÓN

Recordatorios: _______________

____
____
____
____
____
____
____
____
____
____

"Trató de grabar en su mente cada gesto, cada rasgo, para preservarlo de la erosión del tiempo. Sería un recuerdo feliz que atesoraría para los momentos de amargura"

Murmullos de seda de Isabella Abad

Mayo

Título: __________________
____
Autor: __________________
____
Calificación: ☆☆☆☆☆

Título: __________________
____
Autor: __________________
____
Calificación: ☆☆☆☆☆

Título: __________________
____
Autor: __________________
____
Calificación: ☆☆☆☆☆

Título: __________________
____
Autor: __________________
____
Calificación: ☆☆☆☆☆

Título: __________________
____
Autor: __________________
____
Calificación: ☆☆☆☆☆

Título: __________________
____
Autor: __________________
____
Calificación: ☆☆☆☆☆

"Te conocí como a cualquiera sin buscar nada. Y terminé queriéndote como a nadie encontrándolo todo."

Arecuna de Carolina Vivas.

¿NECESITAS MÁS ESPACIO? ¡EXCELENTE!

Título: _______________________

____

Autor: _______________________

____

Calificación: ☆☆☆☆☆

Título: _______________________

____

Autor: _______________________

____

Calificación: ☆☆☆☆☆

Título: _______________________

____

Autor: _______________________

____

Calificación: ☆☆☆☆☆

Título: _______________________

____

Autor: _______________________

____

Calificación: ☆☆☆☆☆

Título: _______________________

____

Autor: _______________________

____

Calificación: ☆☆☆☆☆

Título: _______________________

____

Autor: _______________________

____

Calificación: ☆☆☆☆☆

Título: _______________________

____

Autor: _______________________

____

Calificación: ☆☆☆☆☆

Título: _______________________

____

Autor: _______________________

____

Calificación: ☆☆☆☆☆

NOTAS:

HAZ SEGUIMIENTO A TUS ACTIVIDADES PLANIFICADAS

LUNES	MARTES	MIÉRCOLES	JUEVES	VIERNES	SÁBADO	DOMINGO

Fechas para recordar:

Metas cumplidas:

"Gracias por todo cariño, sobre todo por amarme como sólo tú lo harás, por demostrarme cuanto lo hacías y por cuidarme tal y como me prometiste justo en aquel momento…Te amo, cariño, siempre te amaré…"

Volver a empezar de Kris O'Coneill.

"A pesar de la distancia que nos separara, ella pensaría en mí siempre que hicieran el amor. Eran mis labios los que la besaban y sus orgasmos me pertenecían, al igual que sus sueños y sus pesadillas. Todavía me pertenecen. Jamás hubo esperanza para ti."

Pasiones Indomables de Mariela Villegas.

Este mes te invitamos a descubrir un autor nuevo a través de sus libros.

EL LIBRO ELEGIDO FUE:

____

USA ESTE ESPACIO PARA PONER A VOLAR TU IMAGINACIÓN

Recordatorios:

"Esos simples segundos de contacto desencadenaron tantas sensaciones en ambos, que no fueron capaces de alargar el momento. Él se fue sin decir ni hacer nada más. Ella ensayó un «estúpido», con la poca voz que pudo sacar por su garganta seca, que él escuchó, pero desestimó con una sonrisa socarrona."

Besos de café y cerveza de Ivonne Vivier

Junio

LIBROS LEÍDOS DURANTE EL MES

Título: _______________
____
Autor: _______________
____
Calificación: ☆☆☆☆☆

Título: _______________
____
Autor: _______________
____
Calificación: ☆☆☆☆☆

Título: _______________
____
Autor: _______________
____
Calificación: ☆☆☆☆☆

Título: _______________
____
Autor: _______________
____
Calificación: ☆☆☆☆☆

Título: _______________
____
Autor: _______________
____
Calificación: ☆☆☆☆☆

Título: _______________
____
Autor: _______________
____
Calificación: ☆☆☆☆☆

"Cuando mi mente se sumerge en pensamientos, decorados con el brillo del café qué hay en tus ojos, se estremece mi cuerpo entre las sábanas, se engrandece el amor que por ti siento..."

Resurgiendo en tu mirada de Paula Guzmán y Luis Endrino

¿NECESITAS MÁS ESPACIO? ¡EXCELENTE!

Título: _______________

____

Autor: _______________

____

Calificación: ☆☆☆☆☆

Título: _______________

____

Autor: _______________

____

Calificación: ☆☆☆☆☆

Título: _______________

____

Autor: _______________

____

Calificación: ☆☆☆☆☆

Título: _______________

____

Autor: _______________

____

Calificación: ☆☆☆☆☆

Título: _______________

____

Autor: _______________

____

Calificación: ☆☆☆☆☆

Título: _______________

____

Autor: _______________

____

Calificación: ☆☆☆☆☆

Título: _______________

____

Autor: _______________

____

Calificación: ☆☆☆☆☆

Título: _______________

____

Autor: _______________

____

Calificación: ☆☆☆☆☆

NOTAS:

"Ella se convirtió en la droga que adormecía mi dolor y me hice adicto."

Mía siempre de Flor Urdaneta

HAZ SEGUIMIENTO A TUS ACTIVIDADES PLANIFICADAS

LUNES	MARTES	MIÉRCOLES	JUEVES	VIERNES	SÁBADO	DOMINGO

Fechas para recordar:

Metas cumplidas:

"Quédate conmigo y sujeta mi mano. Demuéstrales que nada ni nadie podrá separarnos."

Buscándome te encontré de Mile Bluett.

"Nuestro primer encuentro fue accidentado, en un pasillo de instituto, desde ese día me robaste el alma. No supe como acercarme a ti así que lo hice desde las sombras hasta que alguien me dio un empujón. Pasamos por buenos, malos, mejores y peores momentos, una separación algo dolorosa pero nuestro amor fue más fuerte y nos unió de nuevo."

Esperando lo inesperado de Teresa Cuenca

FOREVER YOUNG: Porque somos de la edad que nos sentimos, este mes escoge un libro juvenil.

EL LIBRO ELEGIDO FUE:

____

USA ESTE ESPACIO PARA PONER A VOLAR TU IMAGINACIÓN

Recordatorios: ___________

____
____
____
____
____
____
____
____
____
____
____

"Tú y yo ya nos hemos olvidado antes, prometo mirarte en esta vida con más atención."

Hechizado por la rosa de Carolina Vivas.

Julio

LIBROS LEÍDOS DURANTE EL MES

Título: _______________
____
Autor: _______________
____
Calificación: ☆☆☆☆☆

Título: _______________
____
Autor: _______________
____
Calificación: ☆☆☆☆☆

Título: _______________
____
Autor: _______________
____
Calificación: ☆☆☆☆☆

Título: _______________
____
Autor: _______________
____
Calificación: ☆☆☆☆☆

Título: _______________
____
Autor: _______________
____
Calificación: ☆☆☆☆☆

Título: _______________
____
Autor: _______________
____
Calificación: ☆☆☆☆☆

"Cuando se ama no se le hace daño a la persona amada; no se le miente, no se le traiciona, y tú has hecho todo eso conmigo."

Te amaré por siempre de Indhira Jacobo

¿NECESITAS MÁS ESPACIO? ¡EXCELENTE!

Título: _______________________

____

Autor: _______________________

____

Calificación: ☆☆☆☆☆

Título: _______________________

____

Autor: _______________________

____

Calificación: ☆☆☆☆☆

Título: _______________________

____

Autor: _______________________

____

Calificación: ☆☆☆☆☆

Título: _______________________

____

Autor: _______________________

____

Calificación: ☆☆☆☆☆

Título: _______________________

____

Autor: _______________________

____

Calificación: ☆☆☆☆☆

Título: _______________________

____

Autor: _______________________

____

Calificación: ☆☆☆☆☆

Título: _______________________

____

Autor: _______________________

____

Calificación: ☆☆☆☆☆

Título: _______________________

____

Autor: _______________________

____

Calificación: ☆☆☆☆☆

NOTAS:

HAZ SEGUIMIENTO A TUS ACTIVIDADES PLANIFICADAS

LUNES	MARTES	MIÉRCOLES	JUEVES	VIERNES	SÁBADO	DOMINGO

Fechas para recordar:

Metas cumplidas:

"El tema de la inocencia no era referente a la virginidad de la mujer. Era algo mucho más profundo que Dumma no podía siguiera llegar a imaginar"

El origen del ángel oscuro de Paulette Mestre

NOVEDADES LITERARIAS

"Algo muy íntimo surgió de mi alma. Entre el vino y la danza mítica, me perdí en sus brazos. Me atrapó del cabello, presionándolo entre sus largos dedos; no intentó besarme, solamente olisqueaba mi aroma y rozaba la punta de la nariz por la piel de mi cuello. Sus colmillos estaban afuera. Hice a un lado mi pelo para mostrarle mi deseo de que bebiera de mí, exactamente como sucedía en mis recuerdos. Marco miró a Nicolás y él desvió la vista. Cerré los ojos y él incrustó sus incisivos en mi yugular."

Leyendas Prohibidas de Mariela Villegas.

RETO LECTOR

JULIO

¿LE TEMES A LO DESCONOCIDO?
Entonces escoge un
Romance Paranormal

EL LIBRO ELEGIDO FUE:

USA ESTE ESPACIO PARA PONER A VOLAR TU IMAGINACIÓN

Recordatorios: _____________
____
____
____
____
____
____
____
____
____
____
____
____

"No te aferres al pasado Blanca. Lucha por lo que deseas, inténtalo, atrévete y ama... Hazlo porque ya es tu hora para hacerlo, hace mucho lo es pero si se ha extendido es por algo, no dejes pasar esta oportunidad."

No te atrevas a dejarme de Kris O'Coneill

Agosto

LIBROS LEÍDOS DURANTE EL MES

Título: _______________________
____
Autor: _______________________
____
Calificación: ☆☆☆☆☆

Título: _______________________
____
Autor: _______________________
____
Calificación: ☆☆☆☆☆

Título: _______________________
____
Autor: _______________________
____
Calificación: ☆☆☆☆☆

Título: _______________________
____
Autor: _______________________
____
Calificación: ☆☆☆☆☆

Título: _______________________
____
Autor: _______________________
____
Calificación: ☆☆☆☆☆

Título: _______________________
____
Autor: _______________________
____
Calificación: ☆☆☆☆☆

"—Eres el oasis que estaba esperando —le susurré al oído. Mientras ella seguía con los ojos cerrados, negándose a entender—. Abre los ojos gatita. Mírame y dime si te miento."

Tu piel en mi piel de Karina Reisberger.

¿NECESITAS MÁS ESPACIO? ¡EXCELENTE!

Título: _______________________

Autor: _______________________

Calificación: ☆☆☆☆☆

Título: _______________________

Autor: _______________________

Calificación: ☆☆☆☆☆

Título: _______________________

Autor: _______________________

Calificación: ☆☆☆☆☆

Título: _______________________

Autor: _______________________

Calificación: ☆☆☆☆☆

Título: _______________________

Autor: _______________________

Calificación: ☆☆☆☆☆

Título: _______________________

Autor: _______________________

Calificación: ☆☆☆☆☆

Título: _______________________

Autor: _______________________

Calificación: ☆☆☆☆☆

Título: _______________________

Autor: _______________________

Calificación: ☆☆☆☆☆

NOTAS:

"Dejé que mi mente recreara tus caricias y tus besos, que el rumor del viento trajera hasta mí, tus gemidos, tus jadeos y te hice el amor."

Quédate de Lina Perozo Altamar.

HAZ SEGUIMIENTO A TUS ACTIVIDADES PLANIFICADAS

LUNES	MARTES	MIÉRCOLES	JUEVES	VIERNES	SÁBADO	DOMINGO

Fechas para recordar:

Metas cumplidas:

"Descubrió que no solo el amor de un hombre brinda felicidad, el de un hijo da el doble de alegría, llena el alma, cicatriza las heridas y da la posibilidad de enseñar cuánto vale el amor, la importancia de los sueños y la magnitud del poder de un abrazo, una palabra o un beso."

Cumpliendo un sueño de Yamila Bianqueri

NOVEDADES LITERARIAS

"—¿Tienes idea de cuánto te amo? —susurró al levantar la muñeca femenina para acercarla a su rostro con lenta apreciación. Cerró los ojos y se inclinó ahora con gesto tierno hacia esa parte de su cuerpo y frotó su mejilla contra ella—. Quiero que sea tu rostro el que ilumine cada uno de mis amaneceres. —La centinela se encontró a mitad del desconcierto y la fascinación, preguntándose qué motivaba ese repentino rapto de intensidad—. Que sea tu cuerpo el que me abrigue por todas las noches de la eternidad que me quede por delante."

Piel Inmortal de JM. Kyle

VIAJEMOS CON UN LIBRO:

Escoge una novela ambientada en un destino que te gustaría visitar

EL LIBRO ELEGIDO FUE:

____

USA ESTE ESPACIO PARA PONER A VOLAR TU IMAGINACIÓN

Recordatorios: _____________

____
____
____
____
____
____
____
____
____
____
____

"Las damas siempre van primero. Para indicar el camino, cuando abres las puertas, en las filas, y en los orgasmos."

Conexión Inesperada de Miriam Meza

Septiembre

Título: _______________
____
Autor: _______________
____
Calificación: ☆☆☆☆☆

Título: _______________
____
Autor: _______________
____
Calificación: ☆☆☆☆☆

Título: _______________
____
Autor: _______________
____
Calificación: ☆☆☆☆☆

Título: _______________
____
Autor: _______________
____
Calificación: ☆☆☆☆☆

Título: _______________
____
Autor: _______________
____
Calificación: ☆☆☆☆☆

Título: _______________
____
Autor: _______________
____
Calificación: ☆☆☆☆☆

"Toda tú me has embrujado, despacio y sin estridencias. Quiero todo contigo, parece que me doy cuenta en este momento, como un niño que quiere prestarle sus juguetes a otro solo cuando luego que le surge competencia"

Abraza la vida sin miedo de Isabella Abad

¿NECESITAS MÁS ESPACIO? ¡EXCELENTE!

Título: _______________________

____

Autor: _______________________

____

Calificación: ☆☆☆☆☆

Título: _______________________

____

Autor: _______________________

____

Calificación: ☆☆☆☆☆

Título: _______________________

____

Autor: _______________________

____

Calificación: ☆☆☆☆☆

Título: _______________________

____

Autor: _______________________

____

Calificación: ☆☆☆☆☆

Título: _______________________

____

Autor: _______________________

____

Calificación: ☆☆☆☆☆

Título: _______________________

____

Autor: _______________________

____

Calificación: ☆☆☆☆☆

Título: _______________________

____

Autor: _______________________

____

Calificación: ☆☆☆☆☆

Título: _______________________

____

Autor: _______________________

____

Calificación: ☆☆☆☆☆

NOTAS:

HAZ SEGUIMIENTO A TUS ACTIVIDADES PLANIFICADAS

LUNES	MARTES	MIÉRCOLES	JUEVES	VIERNES	SÁBADO	DOMINGO

Fechas para recordar:

Metas cumplidas:

"Tomo entre mis manos aquella fotografía que hice en nuestra tarde juntas. Esa que tomé sin que ella se diese cuenta, la observo. Sonrío al ver a mi pequeña, pero aún más al ver a "ojos verdes", los dos juntos."

Si puedes, Atrápame de Kris O'Coneill

"No puedo olvidar tus sonidos porque son míos, yo los provoqué y nadie los conoce como yo los conocí. Tal vez tu cuerpo desnudo fue visto por otros hombres, pero esa respuesta la tuve yo, esos gemidos, esas miradas, esa sonrisa maravillosa… Ellos tuvieron otras, suyas, no las mías."

Un inesperado segundo amor de Ivonne Vivier

AMEMOS LO NUESTRO: Escoge un libro ambientado en tu país/ciudad

EL LIBRO ELEGIDO FUE:

USA ESTE ESPACIO PARA PONER A VOLAR TU IMAGINACIÓN

Recordatorios: __________

"Disfrazas tu verdadero yo, bajo esa máscara que oculta tu ser y resguarda lo más hermoso que tienes, tú corazón."

Lo último de mí. Huyendo de Cristina Brenes

Octubre

Título: ___________________
____
Autor: ___________________
____
Calificación: ☆☆☆☆☆

Título: ___________________
____
Autor: ___________________
____
Calificación: ☆☆☆☆☆

Título: ___________________
____
Autor: ___________________
____
Calificación: ☆☆☆☆☆

Título: ___________________
____
Autor: ___________________
____
Calificación: ☆☆☆☆☆

Título: ___________________
____
Autor: ___________________
____
Calificación: ☆☆☆☆☆

Título: ___________________
____
Autor: ___________________
____
Calificación: ☆☆☆☆☆

"Te quiero y te agradezco que desde el mismo día que te conocí, fueras de gran ayuda para mí. Me ayudaste a salir adelante, me hiciste volver a sonreír."

Lo que el amor no ve de Teresa Cuenca

¿NECESITAS MÁS ESPACIO? ¡EXCELENTE!

Título: _______________________
____
Autor: _______________________
____
Calificación: ☆☆☆☆☆

Título: _______________________
____
Autor: _______________________
____
Calificación: ☆☆☆☆☆

Título: _______________________
____
Autor: _______________________
____
Calificación: ☆☆☆☆☆

Título: _______________________
____
Autor: _______________________
____
Calificación: ☆☆☆☆☆

Título: _______________________
____
Autor: _______________________
____
Calificación: ☆☆☆☆☆

Título: _______________________
____
Autor: _______________________
____
Calificación: ☆☆☆☆☆

Título: _______________________
____
Autor: _______________________
____
Calificación: ☆☆☆☆☆

Título: _______________________
____
Autor: _______________________
____
Calificación: ☆☆☆☆☆

NOTAS:

"Era el sitio más inusual, sin embargo me parecía el mejor lugar, el más romántico, solo porque ella estaba allí"

Miss Fatality de Miriam Meza

HAZ SEGUIMIENTO A TUS ACTIVIDADES PLANIFICADAS

LUNES	MARTES	MIÉRCOLES	JUEVES	VIERNES	SÁBADO	DOMINGO

Fechas para recordar:

Metas cumplidas:

"Gracias Diego. "Y le envió una foto de mi dedo medio a modo de saludo. Allí tienes tus buenos días, y me despido como él "Sofia. "Ahora si que me siento mejor, aunque dentro de mí, quisiera borrarlo todo."

Tu luz enciende mi alma de Lorena Di Rado

"Porque los sueños, aunque a veces parezca que nunca los podrás alcanzar, de repente viene una oportunidad y si estás atenta, eres valiente y te atreves... puedes sacar la mano para tomarla al vuelo, y será entonces, que tú vida podrá cambiar y lograr que esos sueños se hagan realidad".

Un corazón para Ana de Paula Guzmán

RETO LECTOR

OCTUBRE

FLASHBACK:
¿Te animas a escoger una novela histórica?

EL LIBRO ELEGIDO FUE:

____

USA ESTE ESPACIO PARA PONER A VOLAR TU IMAGINACIÓN

Recordatorios: ____________

____
____
____
____
____
____
____
____
____
____
____
____

"Sabes a chocolate con fresas, dulce y exquisito, pero a la vez prohibido"

La Tentación de Paulette Mestre

Noviembre

LIBROS LEÍDOS DURANTE EL MES

Título: _______________________
____
Autor: _______________________
____
Calificación: ☆☆☆☆☆

Título: _______________________
____
Autor: _______________________
____
Calificación: ☆☆☆☆☆

Título: _______________________
____
Autor: _______________________
____
Calificación: ☆☆☆☆☆

Título: _______________________
____
Autor: _______________________
____
Calificación: ☆☆☆☆☆

Título: _______________________
____
Autor: _______________________
____
Calificación: ☆☆☆☆☆

Título: _______________________
____
Autor: _______________________
____
Calificación: ☆☆☆☆☆

"—Es una cadena que no pienso romper nunca, esposa. —Paladeó aquel título con placer, porque lo que antes era una simple palabra acababa de convertirse en una promesa."

Piel Inmortal de JM. Kyle

¿NECESITAS MÁS ESPACIO? ¡EXCELENTE!

Título: ___________________

Autor: ___________________

Calificación: ☆☆☆☆☆

Título: ___________________

Autor: ___________________

Calificación: ☆☆☆☆☆

Título: ___________________

Autor: ___________________

Calificación: ☆☆☆☆☆

Título: ___________________

Autor: ___________________

Calificación: ☆☆☆☆☆

Título: ___________________

Autor: ___________________

Calificación: ☆☆☆☆☆

Título: ___________________

Autor: ___________________

Calificación: ☆☆☆☆☆

Título: ___________________

Autor: ___________________

Calificación: ☆☆☆☆☆

Título: ___________________

Autor: ___________________

Calificación: ☆☆☆☆☆

NOTAS:

HAZ SEGUIMIENTO A TUS ACTIVIDADES PLANIFICADAS

LUNES	MARTES	MIÉRCOLES	JUEVES	VIERNES	SÁBADO	DOMINGO

Fechas para recordar:

Metas cumplidas:

"Sentí a través de la venda, su mirada clavada en mí. Expectante, mientras mi pecho subía y bajaba agitado, esperando por más."

Servicio bajo las sombras de Karina Reisberger.

"—¿La princesita será capaz de echarme una manito, antes de que caiga al vacío y me mate? ¿O debes seguir babeándote por mí? —Lo ayudo como puedo ya que él es muy pesado para mí propio peso, lo sujeto de su suéter en la parte de los hombros arrastrándolo dentro de mi cuarto. Ambos caemos al piso, yo por segunda vez en minutos, viéndonos a la cara, comenzamos a reírnos... mucho, en simultáneo."

Nuestro hilo será mágico de Lorena Di Rado

RETO LECTOR

NOVIEMBRE

NOVEMBER RAIN:
Un café, una manta y un libro clásico
para acompañar

EL LIBRO ELEGIDO FUE:

Recordatorios: _______________

____
____
____
____
____
____
____
____
____
____
____

"Pasemos la crisis juntos. Aunque el lecho se esté cayendo sobre nuestras cabezas, quédate conmigo y sujeta mi mano. Demuéstrales que nada ni nadie podrá separarnos."

Buscándome te encontré de Mile Bluett.

Diciembre

LIBROS LEÍDOS DURANTE EL MES

Título: _______________________

____

Autor: _______________________

____

Calificación: ☆☆☆☆☆

Título: _______________________

____

Autor: _______________________

____

Calificación: ☆☆☆☆☆

Título: _______________________

____

Autor: _______________________

____

Calificación: ☆☆☆☆☆

Título: _______________________

____

Autor: _______________________

____

Calificación: ☆☆☆☆☆

Título: _______________________

____

Autor: _______________________

____

Calificación: ☆☆☆☆☆

Título: _______________________

____

Autor: _______________________

____

Calificación: ☆☆☆☆☆

"Para ella no había nada más valioso que la confianza que se deposita en el otro y la verdad que se espera a cambio."

Diciembre en el fin del mundo de Yamila Bianqueri

¿NECESITAS MÁS ESPACIO? ¡EXCELENTE!

Título: _______________________
____
Autor: _______________________
____
Calificación: ☆☆☆☆☆

Título: _______________________
____
Autor: _______________________
____
Calificación: ☆☆☆☆☆

Título: _______________________
____
Autor: _______________________
____
Calificación: ☆☆☆☆☆

Título: _______________________
____
Autor: _______________________
____
Calificación: ☆☆☆☆☆

Título: _______________________
____
Autor: _______________________
____
Calificación: ☆☆☆☆☆

Título: _______________________
____
Autor: _______________________
____
Calificación: ☆☆☆☆☆

Título: _______________________
____
Autor: _______________________
____
Calificación: ☆☆☆☆☆

Título: _______________________
____
Autor: _______________________
____
Calificación: ☆☆☆☆☆

NOTAS:

"Había perdido la esperanza de encontrarte, pero el destino te puso frente a mí una vez más, dándome la oportunidad de recuperarte, déjame hacerlo mi amor."

Lo que queda de nosotros de Lina Perozo Altamar.

HAZ SEGUIMIENTO A TUS ACTIVIDADES PLANIFICADAS

LUNES	MARTES	MIÉRCOLES	JUEVES	VIERNES	SÁBADO	DOMINGO

Fechas para recordar:

Metas cumplidas:

"Nunca olvidé tus ojos en todos estos años. Era lo primero que veía al levantarme y lo último que recordaba en las noches."

Prisionera de Ti de Estela Torres.

NOVEDADES LITERARIAS

"Me dormí con una sonrisa en los labios y el cuerpo felizmente adolorido. Cuando desperté, tenía mucho miedo de abrir los ojos, de encontrarme en mi cruel realidad, pero por más que me hice tonta, después de un rato, no pude retrasar más el momento".

Detrás de la magia de un beso... solo tú (Relatos) de Paula Guzmán

EL LIBRO ELEGIDO FUE:

____

USA ESTE ESPACIO PARA PONER A VOLAR TU IMAGINACIÓN

Recordatorios: _______________

____

____

____

____

____

____

____

____

____

____

"Desde que te vi aquél primer día en secundaria quedé prendado de li, suspiraba por los rincones, aunque tú ni siquiera me miraste."

Esperando lo inesperado de Teresa Cuenca.

¿QUIERES DESCONECTARTE?

NO OLVIDES LLEVAR TUS CONTACTOS DE USO FRECUENTE

NOMBRE	TELÉFONO	EMAIL

"Todos los seres humanos queremos bailar con el Diablo, aunque sea una vez en la existencia. Cumplir siempre las reglas, ser el mejor, el más recto, el más bueno, es exhaustivo e inútil, porque jamás lograremos complacer a todo el mundo. Algunas veces, lo único que hay que hacer es dejarse ir, vivir, realmente vivir y no pensar, porque el día de nuestra muerte nadie va a estar con nosotros, sin importar que nos encontremos rodeados de personas."

Cuestión de Piel de Mariela Villegas

LLEVA EL CONTROL DE TUS CONTRASEÑAS.

WEB / RED SOCIAL	USUARIO	CONTRASEÑA

"Mi vida entera había cambiado para siempre. Mi cuerpo y mi corazón ya no eran los mismos. Le pertenecían a esta amante sin rostro que en poco tiempo había robado mi alma."

Servicio bajo las sombras de Karina Reisberger

Notas:

"Mi cabeza no estaba en condiciones de soportar gritos, pero eso no significaba que no podría aprovechar la ocasión para evaluar la mercancía."

El Alma de la Fiesta de Miriam Meza

Notas:

"Había aprendido a muy temprana edad que la vida le daba las peores batallas a sus mejores guerreros y ella era una de esos."

Tú me robaste el corazón de Yamila Bianqueri

Notas:

"Lo amo porque me aceptó por quien soy. Porque conoce cada uno de mis secretos y, aun así, se quedó a mi lado. Con él, mi corazón volvió a sanar."

Lo último de mí. Despertando de Cristina Brenes

Autoras que forman parte de

Romántic
Novelas con corazón

Isabella Abad	Miriam Meza	Yamila Bianqueri
Indhira Jacobo	Flor M. Urdaneta	Mile Bluett
Ivonne Vivier	JM Kyle	Cristina Brenes
Jull Dawson	Lorena Di Rado	Mariela Villegas
Karina Reisberger	Paulette Maestre	N.S. Luna
Monica Chiang	Teresa Cuenca P.	Lina Perozo
Carolina Vivas	Paula Guzmán	Hilda Rojas Correa
Estela Torres	Kris O'Coneill	Yamila Bianqueri

Todos los derechos reservados © 2018

www.ingramcontent.com/pod-product-compliance
Lightning Source LLC
Chambersburg PA
CBHW061714250726
48657CB00002B/613